Abc Fun And Easy
Letter And Number
Tracing

THIS BOOK BELONGS TO

ARBEE
PUBLISHING

Tracing Patterns

Trace along the dotted lines

Tracing Patterns

Trace along the dotted lines

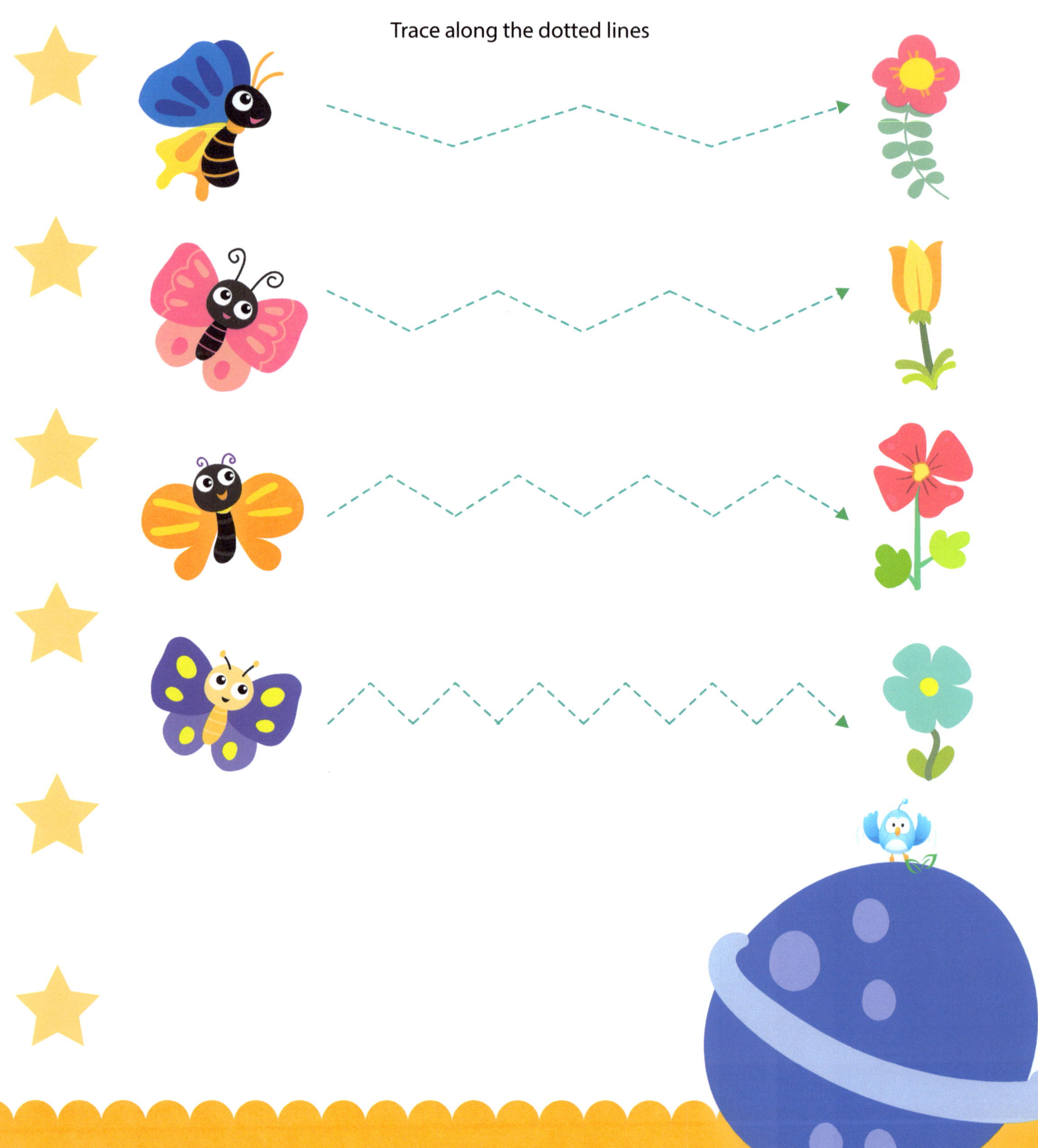

Tracing Patterns

Trace along the dotted lines

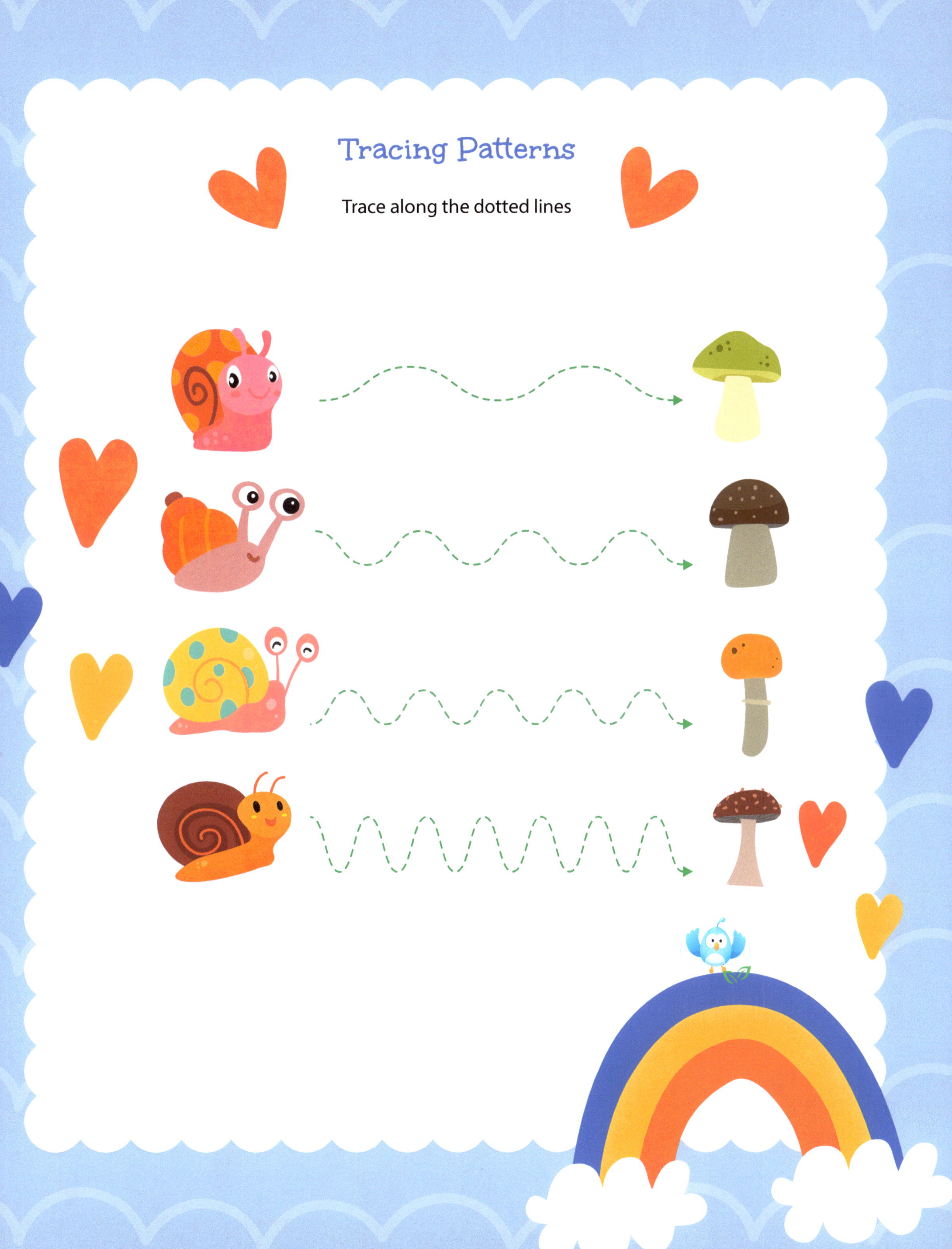

Tracing Patterns
Trace along the dotted lines

Astronaut   Apple

Trace it

Aa Aa Aa Aa
Aa Aa Aa Aa
Aa Aa Aa Aa
Aa Aa Aa Aa

Color it

Aa

Find it

A	i	h	C	y
X	Q	a	j	K
u	s	c	G	A

B b

B
b

b B

Broccoli   Bee

Bb Bb Bb

Bb Bb Bb

Bb Bb Bb

Bb Bb Bb

Color it

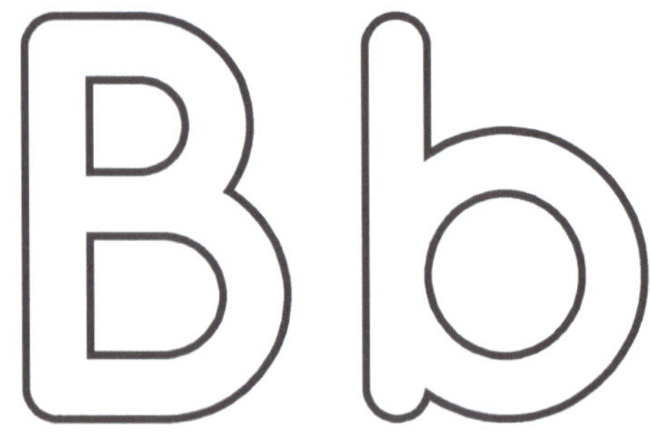

B b

Find it

k	B	h	C	y
t	Q	a	b	A
B	s	o	G	u

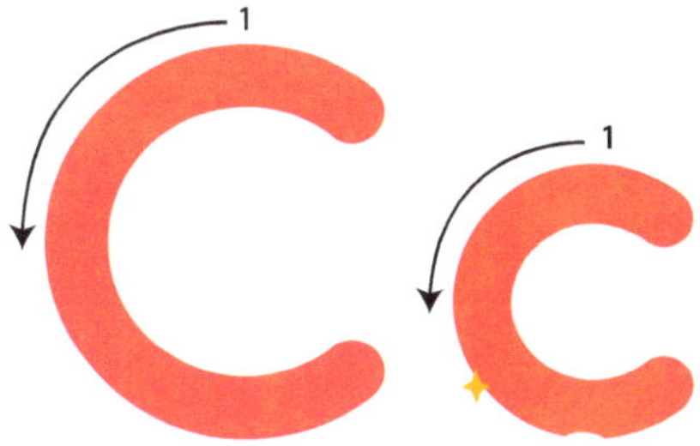

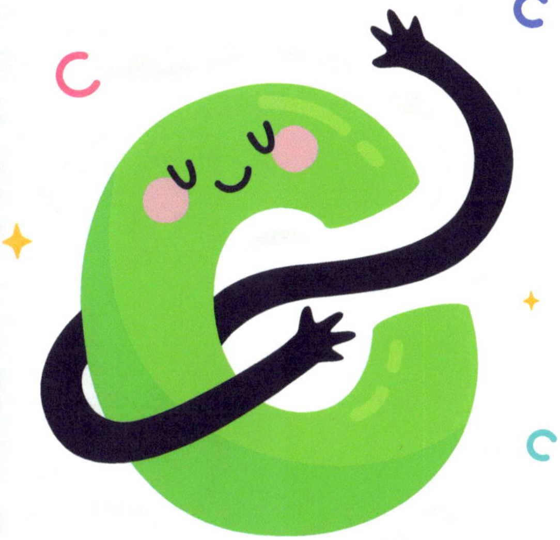

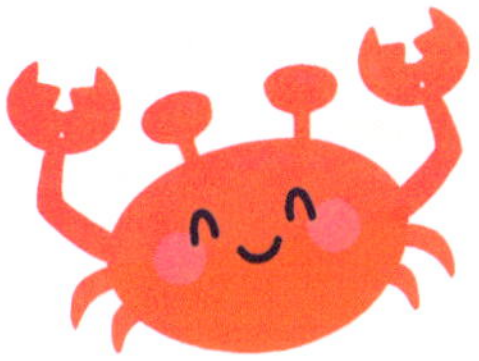

C c

Crab

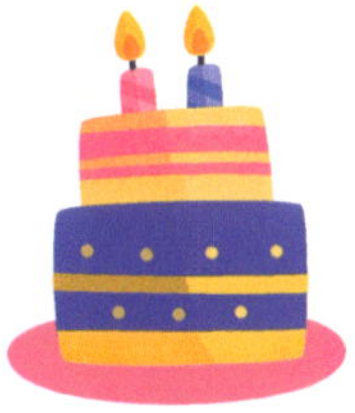

Cake

Color it

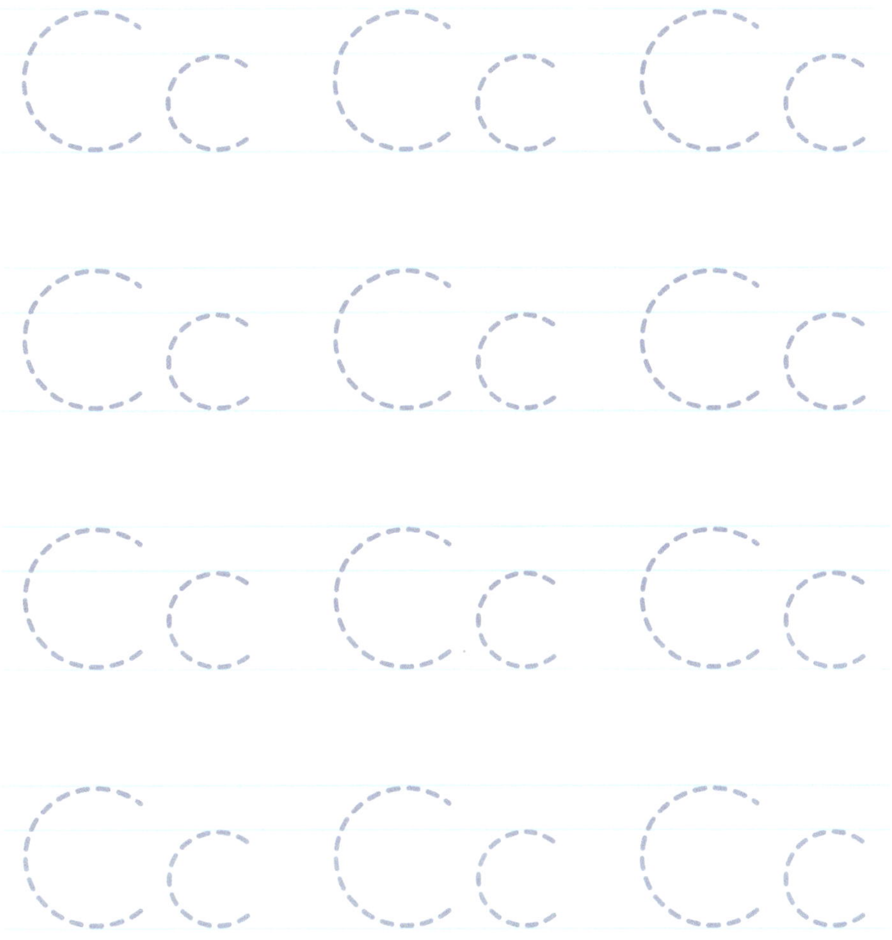

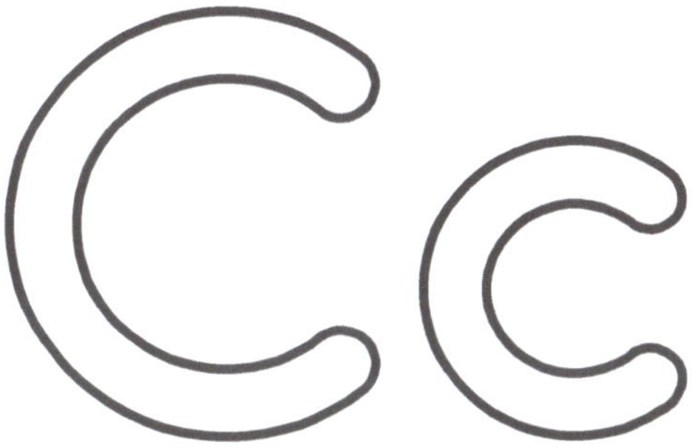

w	C	h	C	y
H	Q	a	K	A
s	A	o	c	l

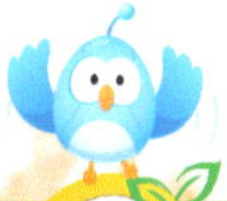

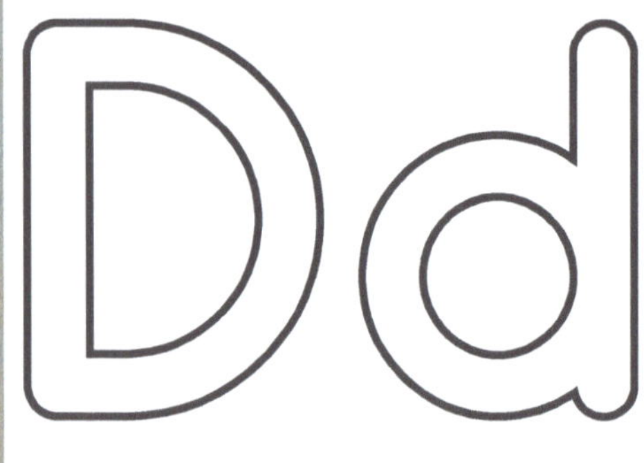

Dragonfly   **D**onut

Trace it

Color it

Find it

E E

Trace it

Ee Ee Ee
Ee Ee Ee
Ee Ee Ee
Ee Ee Ee

E

e   e

Elephant   **E**ye

Color it

Ee

Find it

A	E	B	q	y
V	o	r	G	e
e	A	c	d	l

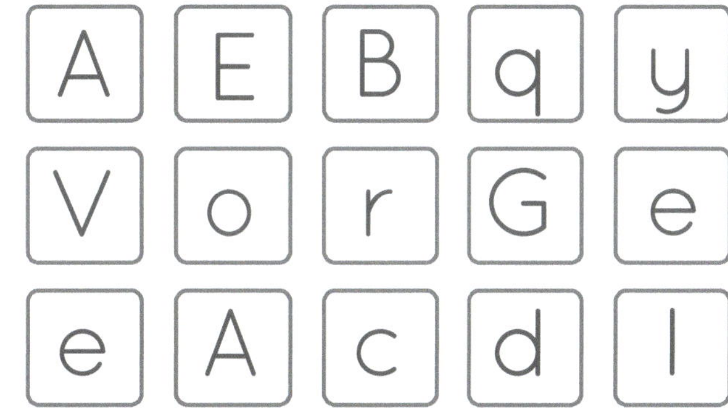

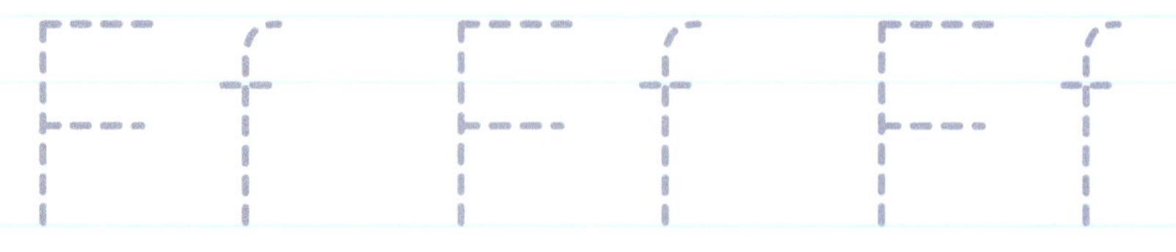

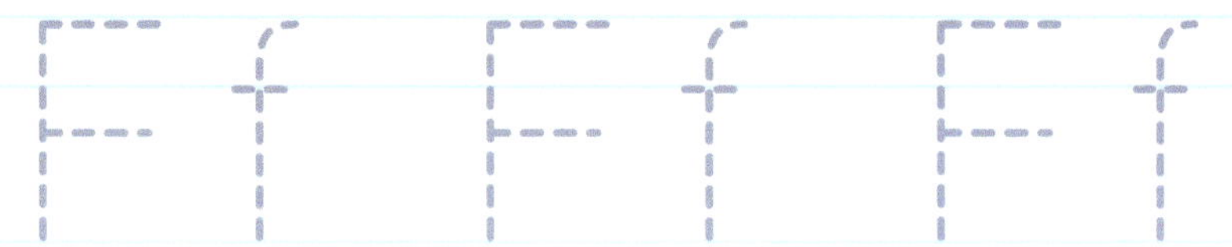

Color it

Find it

Color it

Find it

E	m	B	q	G
h	H	g	f	e
G	R	f	U	w

Hh

Color it

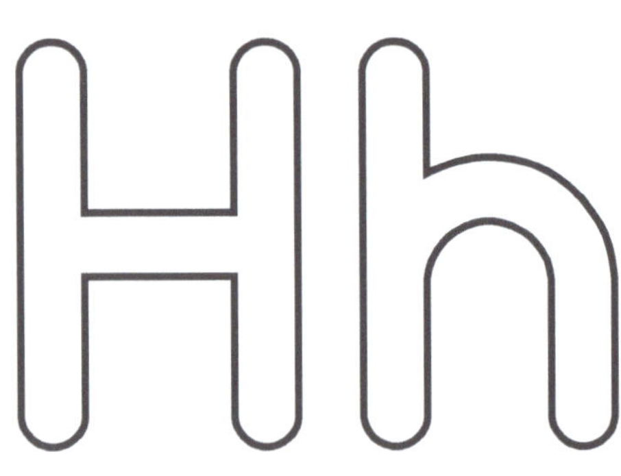

Find it

A	m	B	q	h
h	H	N	f	e
G	R	f	h	w

Ii

Trace it

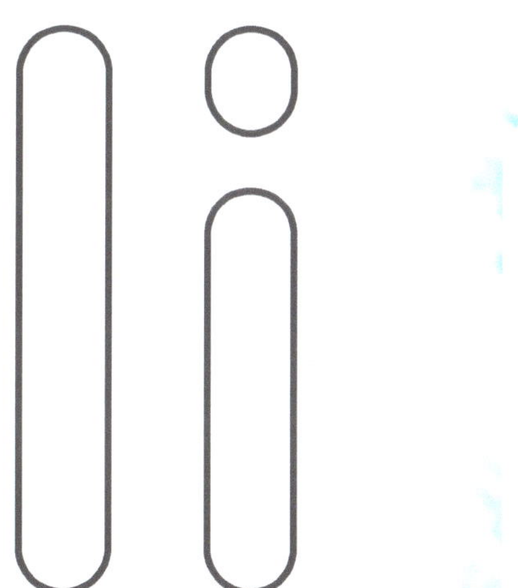

Ice cream    Island

Color it

Find it

A	L	B	l	h
i	H	N	O	e
G	R	i	h	w

A B C D E F G H **I** J K L M N O P Q R S T U V W X Y Z

Jj

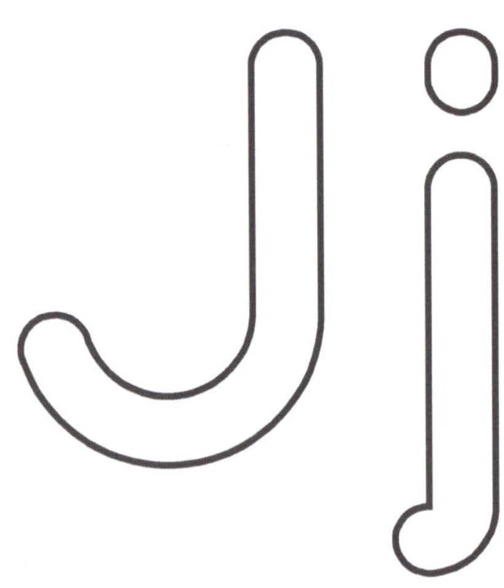

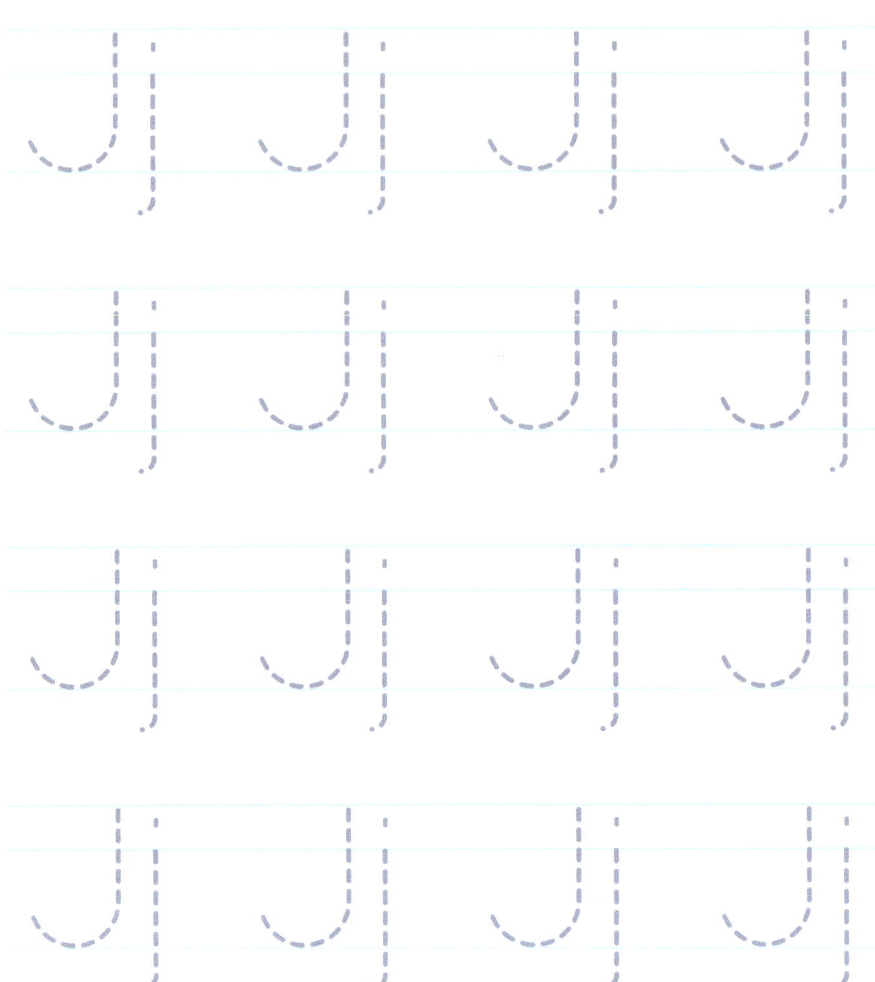

Color it

Find it

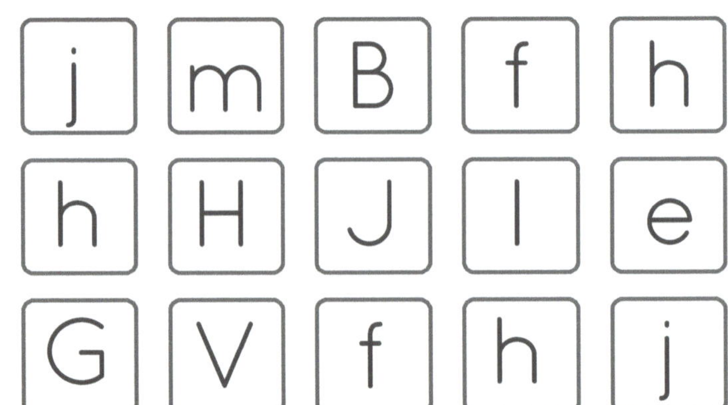

A B C D E F G H I J K L M N O P Q R S T U V W X Y Z

K k

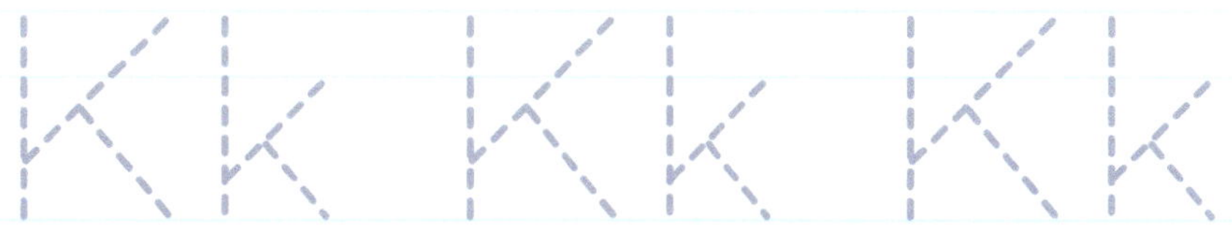

Trace it

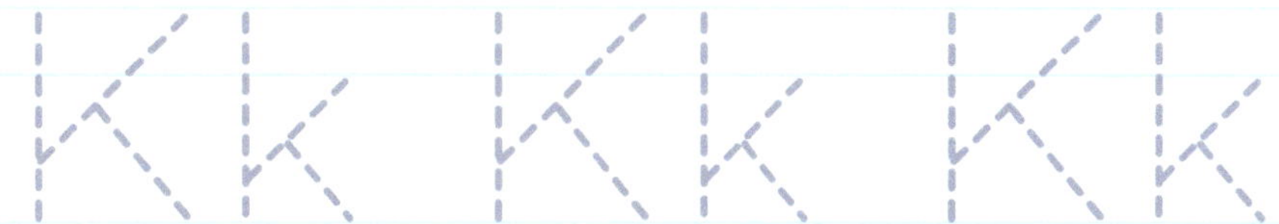

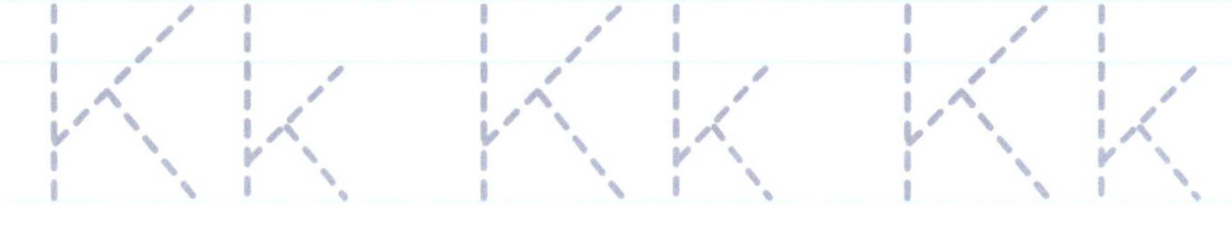

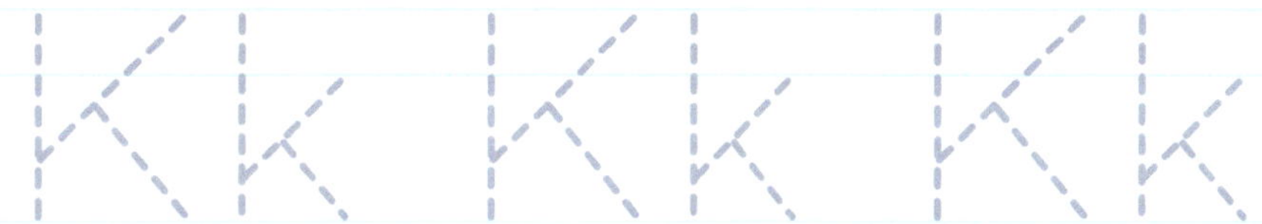

King

Kite

Color it

K k

Find it

A	m	B	K	h
h	k	N	i	e
G	R	K	U	w

Trace it

Color it

Find it

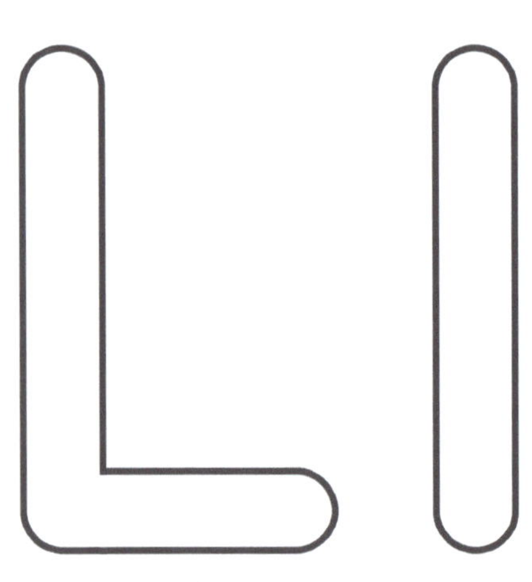

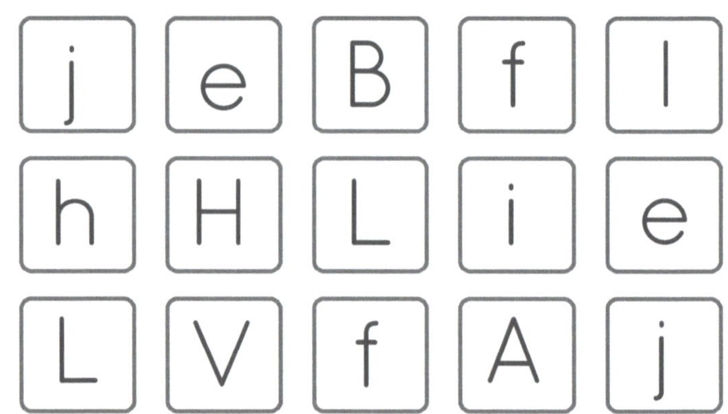

A B C D E F G H I J K L M N O P Q R S T U V W X Y Z

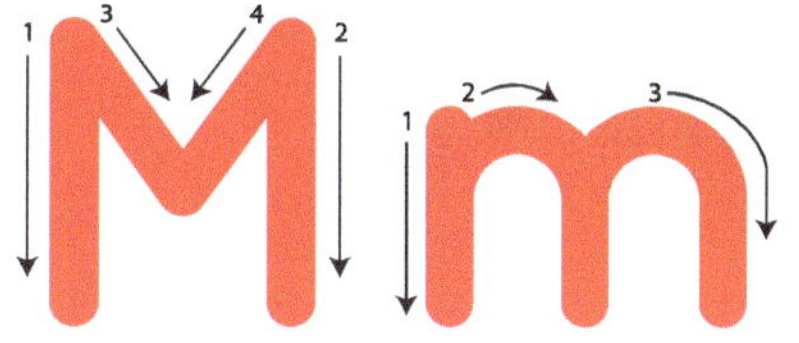

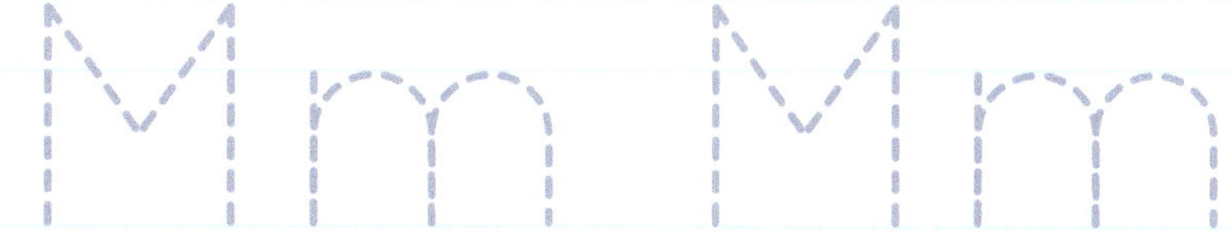

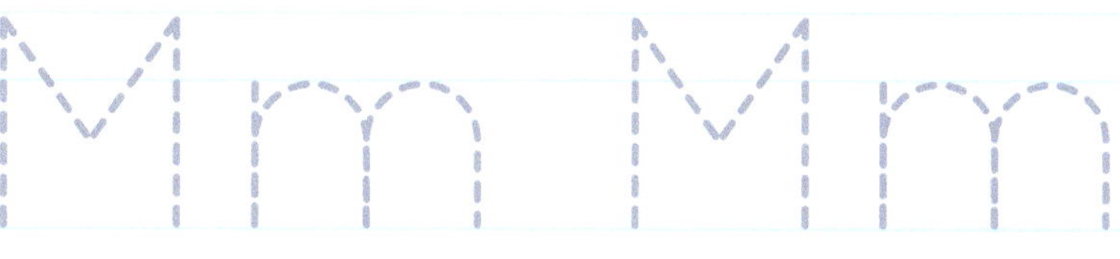

Color it

Find it

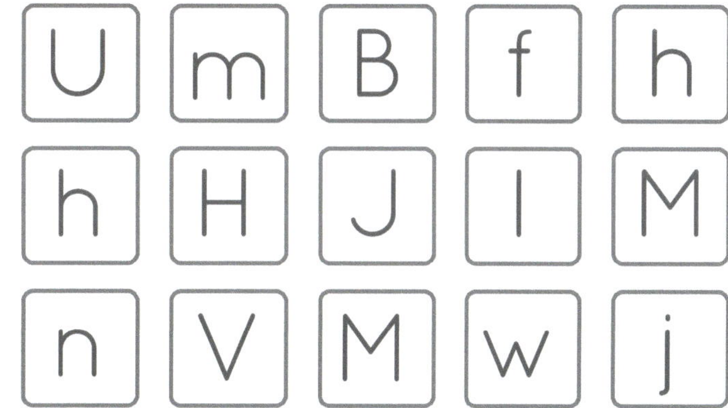

ABCDEFGHIJKL M NOPQRSTUVWXYZ

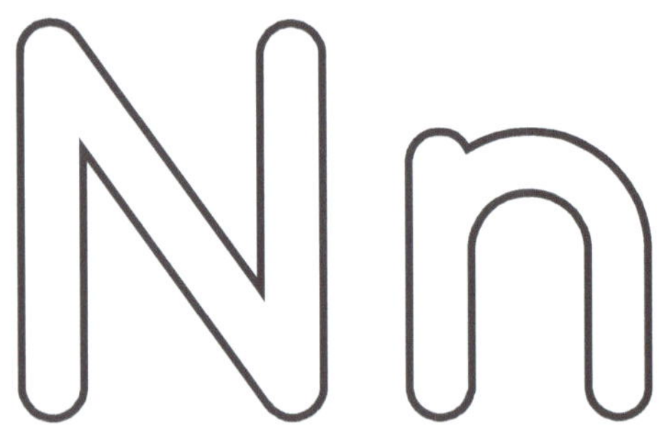

Notebook   Nest

Color it

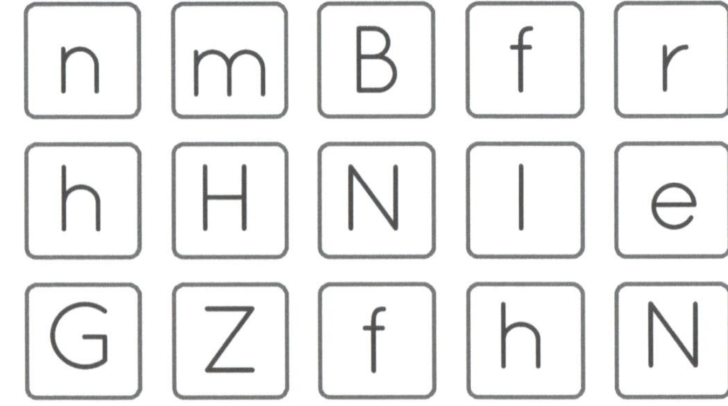

Find it

n	m	B	f	r
h	H	N	l	e
G	Z	f	h	N

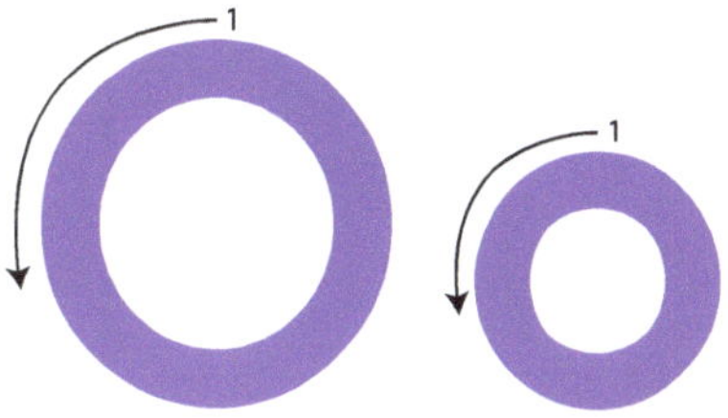

Trace it

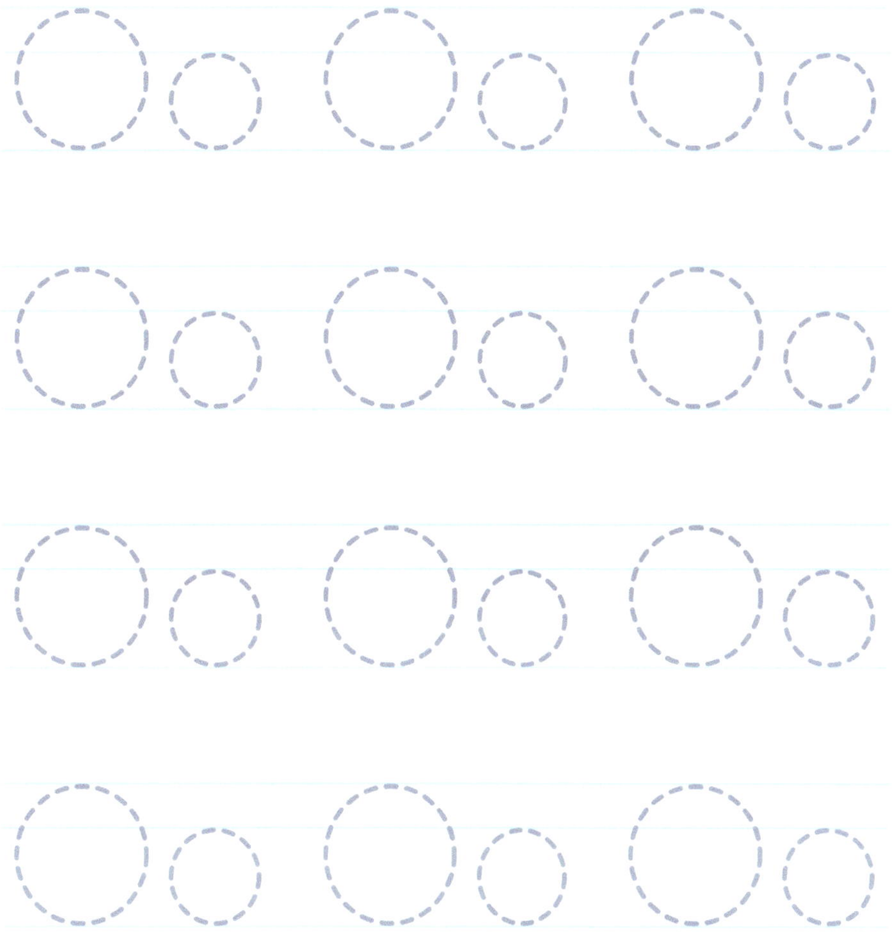

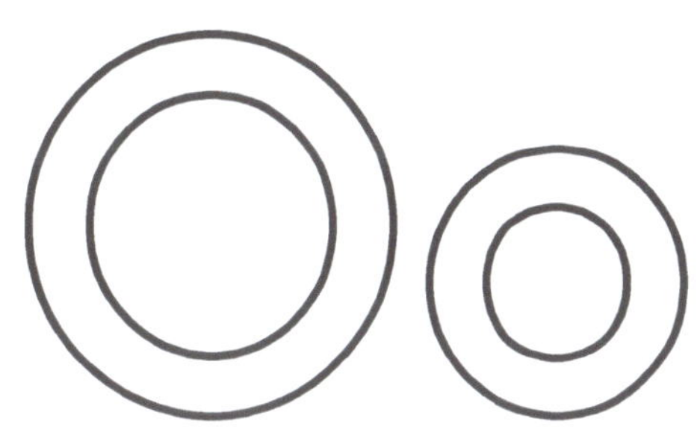

Orange

Owl

Color it

Find it

E	m	B	O	h
h	O	J	l	e
G	V	u	h	o

A B C D E F G H I J K L M N O P Q R S T U V W X Y Z

Pp Pp Pp
Pp Pp Pp
Pp Pp Pp
Pp Pp Pp

j	p	B	f	h
h	x	J	P	e
P	V	f	A	j

Trace it

Color it

Find it

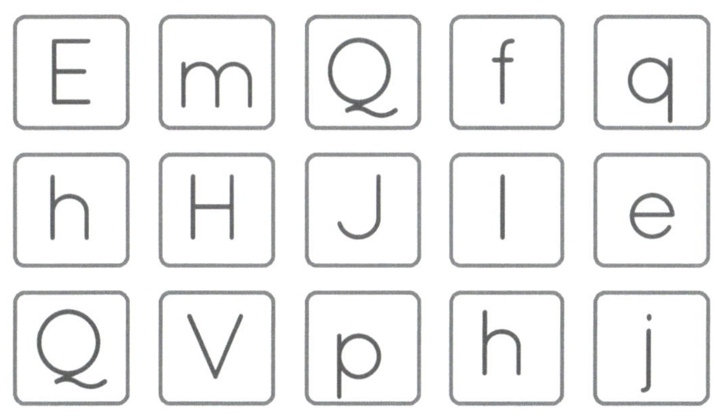

A B C D E F G H I J K L M N O P Q R S T U V W X Y Z

Rr

Rainbow

Rug

R r R r R r
R r R r R r
R r R r R r
R r R r R r

Color it

Find it

Ss

Sweater

Sun

Ss Ss Ss
Ss Ss Ss
Ss Ss Ss
Ss Ss Ss

Color it

Ss

Find it

a	m	S	f	h
h	s	J	l	e
G	V	f	Y	S

A B C D E F G H I J K L M N O P Q R S T U V W X Y Z

T

t

t

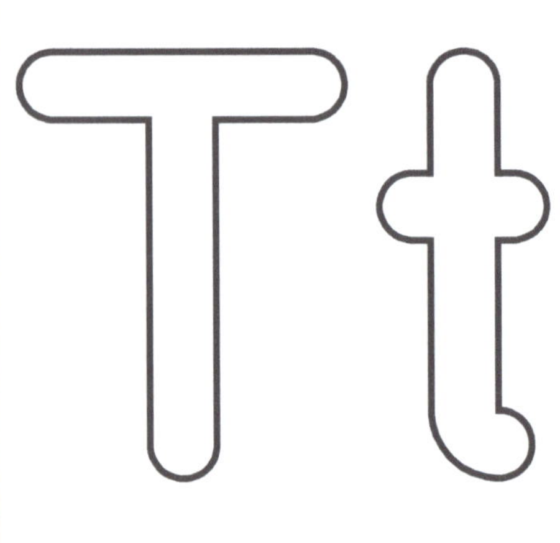

Tomato

Tooth

Color it

Find it

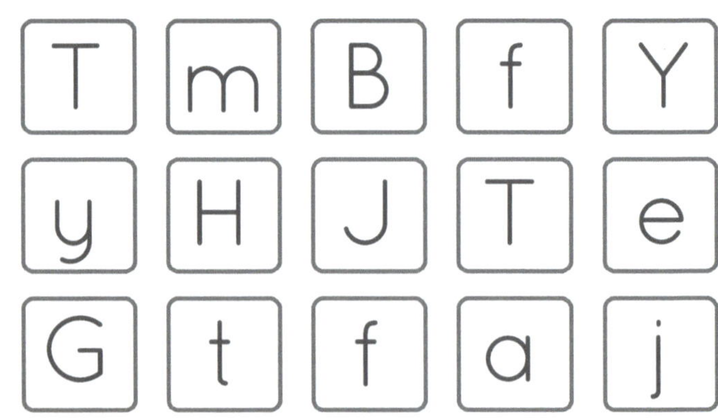

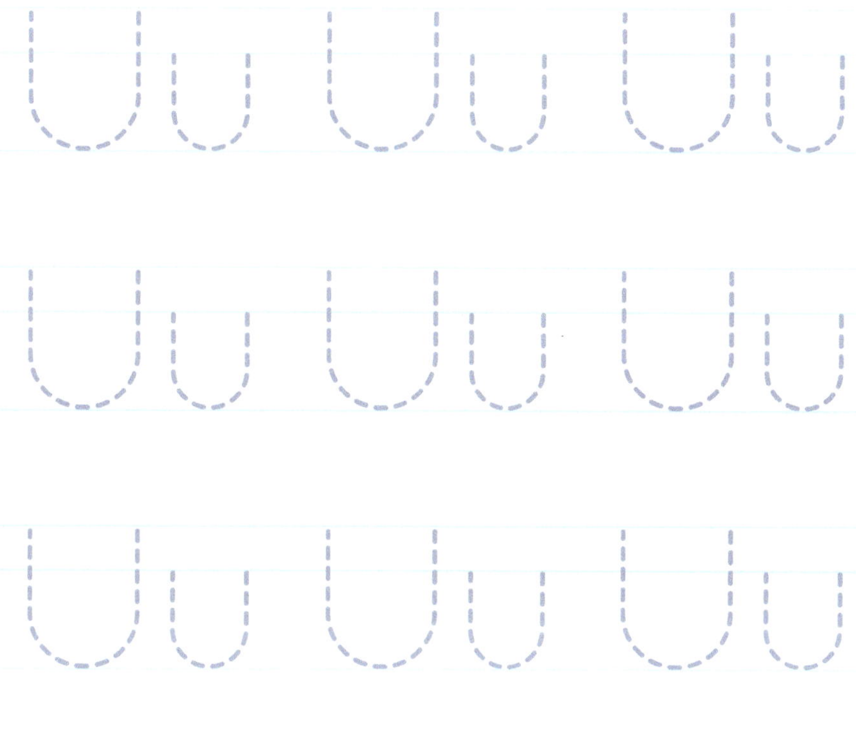

Color it

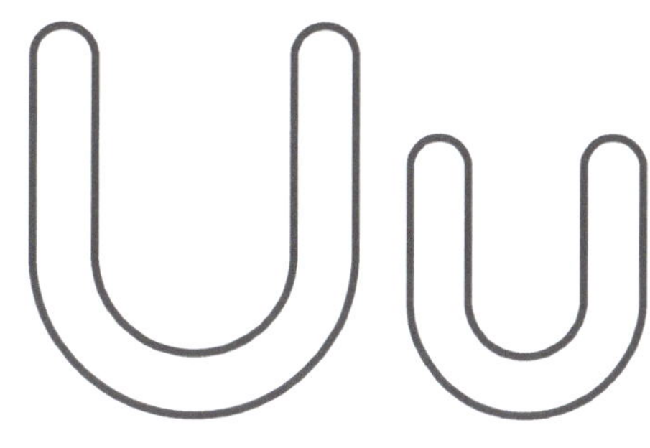

Trace it

Color it

Find it

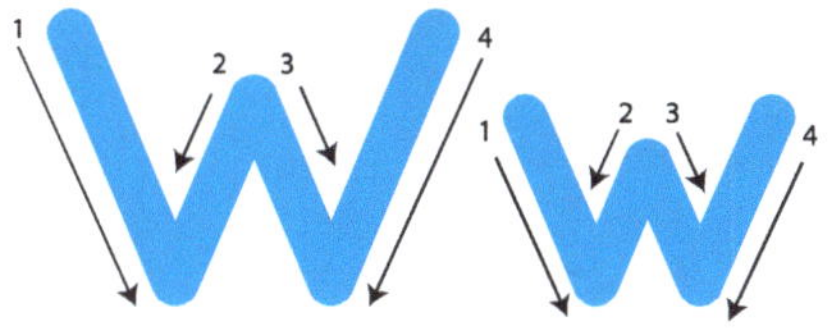

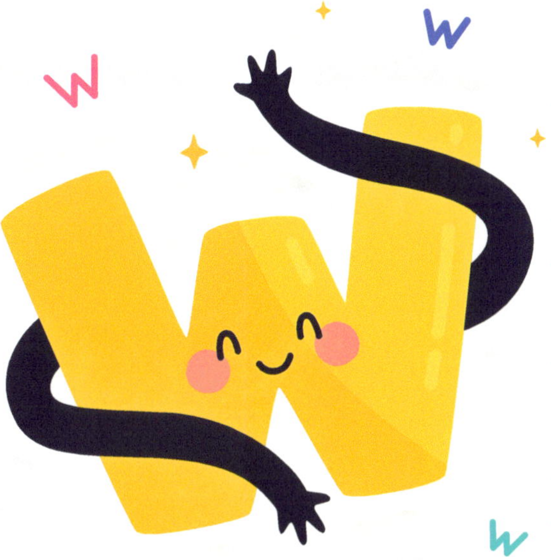

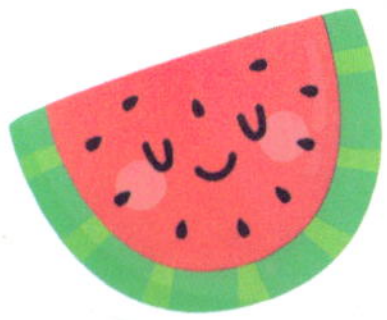

Ww

Watermelon   Wheel

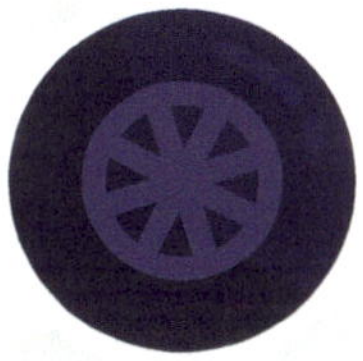

Color it

O	m	S	W	x
h	W	J	l	e
H	V	f	Y	w

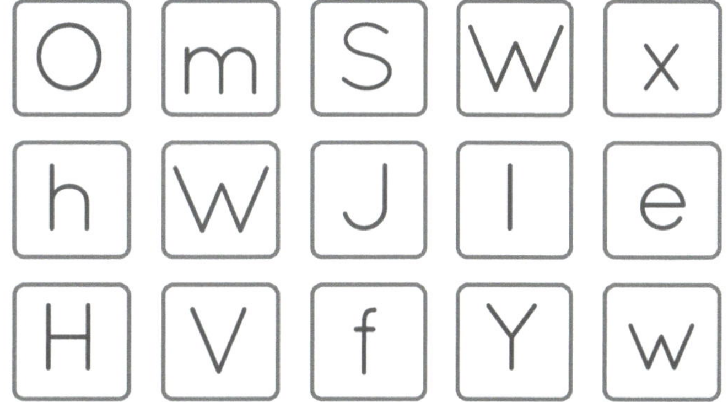

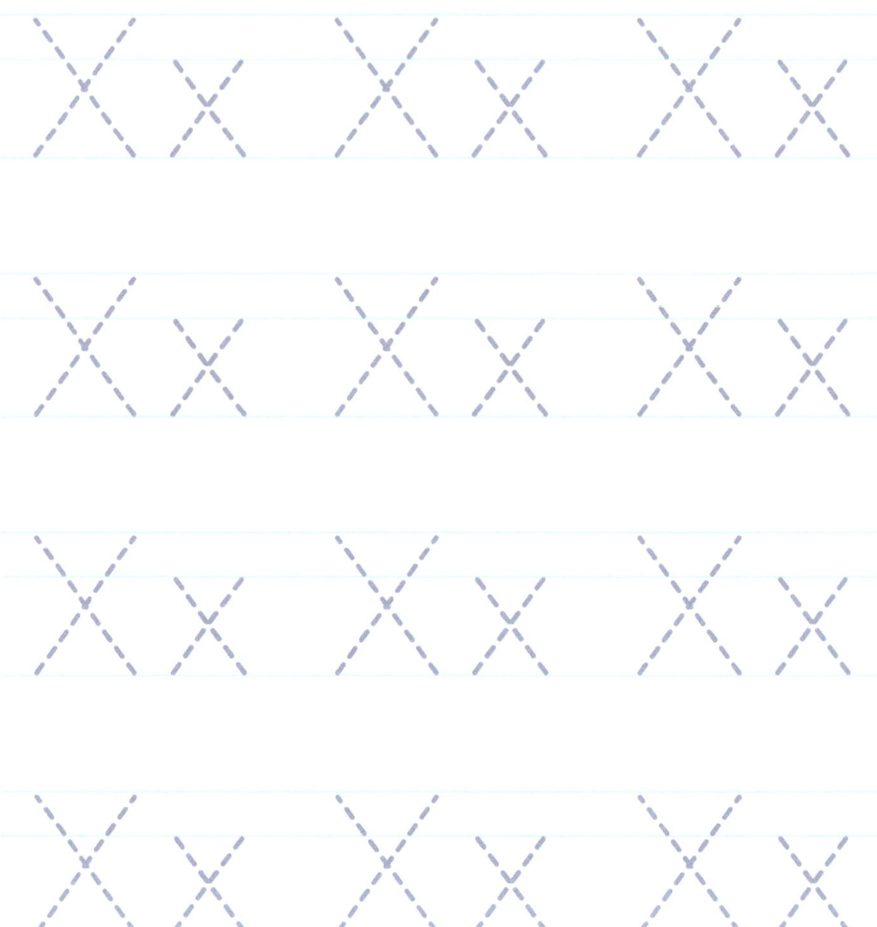

Xylophone

X-ray

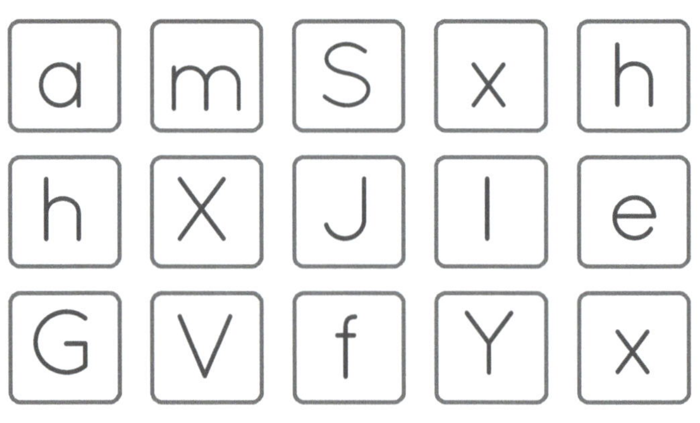

A B C D E F G H I J K L M N O P Q R S T U V W X Y Z

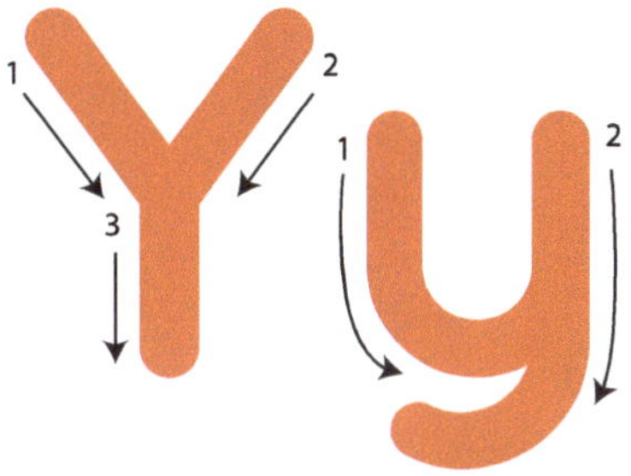

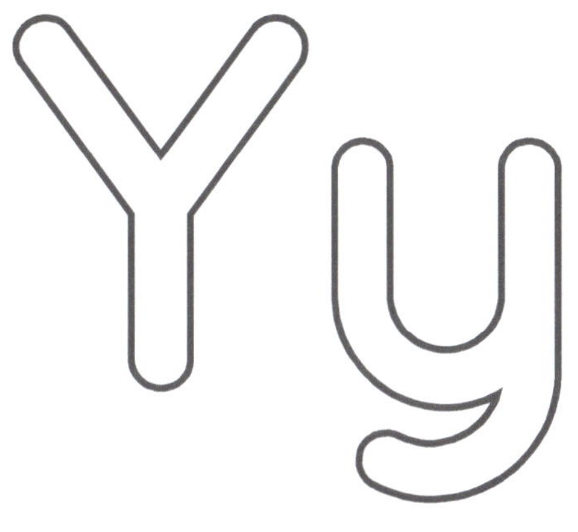

Trace it

Yu Yu Yu
Yu Yu Yu
Yu Yu Yu
Yu Yu Yu

Color it

Yy

Find it

G	m	S	f	Y
h	y	J	l	e
k	V	f	Y	S

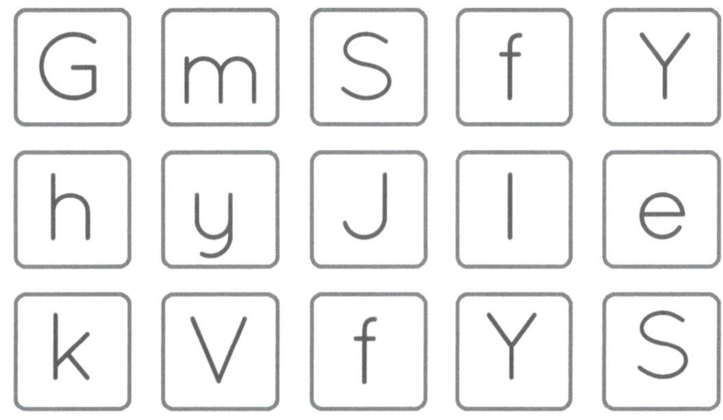

A B C D E F G H I J K L M N O P Q R S T U V W X Y Z

Trace it

Zz Zz Zz

Zz Zz Zz

Zz Zz Zz

Zz Zz Zz

Color it

Zz

Find it

a	G	S	f	h
h	s	Z	I	Z
z	V	f	N	S

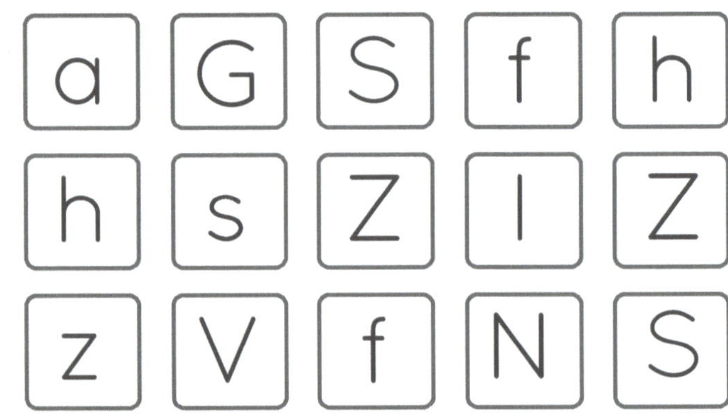

Trace the numbers

1 1 1 1 1 1 1 1 1 1 1 1
2 2 2 2 2 2 2 2 2 2 2 2
3 3 3 3 3 3 3 3 3 3 3 3
4 4 4 4 4 4 4 4 4 4 4 4
5 5 5 5 5 5 5 5 5 5 5 5
6 6 6 6 6 6 6 6 6 6 6 6
7 7 7 7 7 7 7 7 7 7 7 7
8 8 8 8 8 8 8 8 8 8 8 8
9 9 9 9 9 9 9 9 9 9 9 9
0 0 0 0 0 0 0 0 0 0 0 0

trace the numbers
and color
the caterpillar
1
2
3
4
5
6
7
8
9
10

HANDWRITING AWARD
1
This certificate is awarded To:
Ror Great Handwriting practice!
Date
Signature